AF452544

LES LOISIRS

D'UN

NONAGÉNAIRE

LES LOISIRS

D'un

NONAGÉNAIRE

PARIS

LIBRAIRIE DES BIBLIOPHILES

Rue Saint-Honoré, 338

M DCCC LXXXIV

AVANT-PROPOS

OYEZ-VOUS ce bonhomme? *disait Henri IV à la reine en lui présentant le président Jeannin*[1]. *C'est un des* plus hommes de bien de mon royaume. S'il arrive que Dieu dispose de moi, je vous prie de vous reposer sur sa fidélité et la passion qu'il a pour le bien. »

Dans une condition moins élevée sans doute, mais avec non moins de justice, Claude-Michel Clergier, que des liens de famille rattachaient à Pierre Jeannin, aurait pu prétendre à un semblable témoignage.

---

[1]. Pierre Jeannin, né à Autun, premier président au parlt de Bourgogne, nommé surintendant des finances par Marie de Médicis.

De vieille souche bourguignonne [1], *né à Saulieu, le
24 mai 1789, il vint à Paris, après avoir fait ses
études au collège de Vendôme, alors célèbre, et en-
tra au ministère des finances, où il ne tarda pas
à se distinguer par un mérite exceptionnel. Secrétaire
de la commission qui fut chargée, en 1836, de
former de toutes les lois en vigueur le nouveau Code
de la comptabilité publique, il se trouvait naturelle-
ment désigné pour préparer le premier règlement de ce
ministère. Il venait d'être nommé sous-directeur et fait
officier de la Légion d'honneur.*

*Aussi modeste que laborieux, il refusa, en 1852,
d'être secrétaire général pour rester en dehors de la
politique, et consentit, en prenant sa retraite, à se*

---

1. Son ascendance s'établit jusqu'à Guillaume, qui vivait
en 1450, et dont les arrière-petits-fils, Michel et Julien,
étaient notaires royaux.

Odon, chanoine de Dijon, a laissé une histoire de Saint-
Michel de Tonnerre dont le manuscrit se trouve à la Biblio-
thèque nationale. « *Hunc codicem*, dit D. Ruinart dans la
préface de son édition de Grégoire de Tours, *cum editis
primum contulit noster domnus Odo Clergerius, Divione apud
Sanctum Benignum.* »

Michel-François, né en 1715, échevin d'Autun, châtelain
de la baronnie de Roussillon, s^r du Maupas, de la Celle
et de la Coudre d'Antully, avait eu pour fils Lazare, avocat
au parl^t de Bourgogne et receveur des domaines du Roy,
père de Claude-Michel, marié à Augustine de Berty.

charger de la rédaction du second règlement des finances, en exécution du décret de 1862. Cette mission, il la remplit avec un désintéressement dont peu d'exemples seraient cités, et le souvenir des services qu'il a rendus ne s'est pas encore effacé.

Il avait employé ses premiers loisirs à composer sur nos réformes financières un Essai dont le succès le détermina à donner plus de développement à son travail, publié, en 1877, sous le titre d'Étude sur la comptabilité publique en France.

« Il était impossible de condenser dans un résumé plus clair et plus complet les dispositions fondamentales de notre comptabilité », lui écrivait le comte de Casabianca, procureur général près la Cour des comptes.

Il réunit ensuite les recherches qu'il avait faites sur un autre sujet. Ses « Notions historiques sur les impôts et les revenus de l'ancien régime contiennent, dit le Journal des Économistes, les éléments de plusieurs volumes. L'historien pourra y puiser comme dans un trésor. Signaler cette œuvre, c'est rendre service à tous ceux que la question des impôts intéresse. »

Il avait alors quatre-vingt-huit ans, et son style gardait encore une précision dont l'élégance savait donner de l'attrait aux questions les plus arides.

Cependant le poids lourd des années commençait à se faire sentir. Peu à peu la vue s'était affaiblie, et l'heure était désormais passée pour lui de ces recherches et de ces travaux qui avaient rempli sa vie. Mais l'imagination et la mémoire ne l'avaient pas abandonné, et l'administrateur érudit, qui n'avait écrit jusque-là que des pages sérieuses, allait se distraire en rimant de petits contes ou des anecdotes qu'il dictait à ses enfants.

Ces vers légers sont comme un héritage que la piété filiale a voulu recueillir, et ils sont publiés sous le titre qui leur a été choisi par lui-même : LES LOISIRS D'UN NONAGÉNAIRE.

Il revit, pour ainsi dire, dans chacune de ces pièces, avec son enjouement tranquille et sa malice sans venin, avec cette jeunesse de cœur et cette sérénité d'esprit qui ont rendu son commerce agréable jusqu'à la fin.

Plusieurs des anecdotes qu'il s'est amusé à mettre en vers sont déjà connues, mais elles ont paru rajeunies par la forme qu'il leur a donnée.

« Pensez quelquefois à celui qui vous aimait et qui a été heureux par vous, écrivait-il à ses enfants bien peu de temps avant son heure dernière. La vie, à mesure qu'on vieillit, a des moments de tristesse et d'ennui dont la mort est la délivrance.

« Mon seul regret sera de vous quitter, mes bons amis. »

Celui qui parlait ainsi s'est éteint à l'âge de quatre-vingt-quatorze ans accomplis, dans la paix d'une âme chrétienne, laissant à ses enfants le souvenir et l'exemple d'une existence dont l'honneur et l'indé-pendance semblent résumés dans sa propre devise :

« Læde, time neminem ! »

GAILLARD ET PAILLARD

Henri quatre, que sa bonté
En France a rendu populaire,
Roi vaillant, s'il en fut compté
Parmi les maîtres de la terre,
N'est pas moins justement cité
Pour son esprit et sa gaîté.
Il aimait, à ce qu'on rapporte,
A causer avec ses sujets,
Et faisait, sans aucune escorte,
Souvent, à pied, de longs trajets.

Ayant soif un jour, il prend place,
Dans une hôtellerie, en face
D'un vieux buveur nommé Gaillard.
« Sais-tu, lui dit-il, par hasard
Quelle distance incontestable
Sépare un gaillard d'un paillard?

—— Mais la distance d'une table »,
Répond aussitôt le vieillard.
A cette franche repartie :
« J'en tiens, ventre-saint-gris ! s'écrie
Le bon roi, riant aux éclats ;
Voici mon maître en persiflage.
Mon ami, je ne croyais pas
Trouver tant d'esprit au village. »

LA BOUTONNIÈRE

Un curé, s'habillant, avait, avant la messe,
    Fait appeler par Jeanneton
    Certain frater qui le coupe au menton.
Il le veut payer moins pour son défaut d'adresse ;
C'était fort juste, mais sévère, et l'imprudent
        Auteur de la blessure
        De s'excuser en prétendant
        Qu'un petit bouton, d'aventure,
        S'était trouvé sous le rasoir :
        « Alors pourquoi, mon très cher frère,
Avez-vous cru, lui dit l'abbé, devoir
        Lui tailler une boutonnière ? »

TURLUPIN

Gautier Garguille, Gros-Guillaume et Turlupin[1]
    Étaient trois plaisants camarades
    Qui jouaient, pour grossir leur gain,
Des scènes d'où le nom vint de *Turlupinades.*
    Ils se montraient, dans leur accoutrement,
        Perchés sur une estrade
        Qui faisait face au bâtiment
            De l'Estrapade.
Turlupin, qui jouait les valets, les filous,
        Opérait pour son propre compte,
    Et le mitron, à la riposte prompte,
Eût fait rire le guet en le rouant de coups.

        Un jour, chez le traiteur Lemore
        Turlupin prend place, s'étend,
        Fait le gentilhomme important,
        Commande un dîner qu'il dévore,

---

1. Garçons boulangers du faubourg Saint-Laurent.

Arrosé de vin d'un bon cru,
Avec bouilli, pâté, flan, marmelade,
Enfin de quoi se rendre très malade.
Quand il eut bien mangé, bien bu,
De maître Lemore il s'approche :
« Que penseriez-vous d'un manant
Qui, pour vous payer maintenant,
N'aurait pas un denier en poche ?
— Je le ferais, dit l'hôtelier
De l'air le moins hospitalier,
Je le ferais mettre à la porte.
— Eh bien ! payez-vous de la sorte. »

Lemore veut sur l'heure appeler les sergents,
Réfléchit, puis finit par bien prendre la chose.
On obtient souvent gain de cause,
Quand on sait se moquer des gens.

UN DANSEUR RIDICULE

Dans un bal de la cour un seigneur, toujours frais,
Malgré les cinquante ans dont on le savait près,
Vêtu d'un justaucorps à la mode dernière,
S'était pris à danser d'une telle manière
Que tous les assistants, devant ses pas de deux,
          Se gaussaient, quand l'un d'eux
          Sur le compte du personnage
Fait entendre assez haut sa façon de penser.
L'homme, que ces propos semblaient devoir blesser,
          Prend son plus gracieux visage :
« Monsieur le beau plaisant, dit-il, je vous promets
Que, si je danse mal, je me bats bien.
                              — Eh ! mais
Battez-vous donc toujours, et ne dansez jamais. »

OU LE METTRA-T-ON,

CE GRAND SAINT?

C'était fête dans une église
Où la moindre chaise était prise.
Il s'agissait d'inaugurer
Du saint de l'endroit la statue,
Un saint de vertu reconnue !
Comme on peut se le figurer,
Les dévotes sont dans l'ivresse,
La cloche sonne à gros bourdon,
Digue digue digue dindon !
Un chanoine dit la grand'messe,
Et le curé fait un sermon
Sur ce thème : Où le mettra-t-on ?
« Où le mettra-t-on, mes chers frères ?
Dans le temple, où par vos prières
Vous avez obtenu qu'il vînt,
Où le mettra-t-on, ce grand saint ?
Quelle place sera la sienne ?... »

Un des assistants dit tout bas :
« Vous pouvez lui donner la mienne,
Monsieur le curé, je m'en vas. »

HIERONIMO

Au temps jadis dont nous parlons,
Un médecin voit dans un équipage,
Entouré de six violons,
Sur la place de Grève un très beau personnage
Qui se tenait debout aussi droit qu'un bâton,
Le chef coiffé d'un bonnet basque,
Avec une barbe au menton
Et des lunettes sur son masque [1].
Manants et bourgeois de Paris
D'étonnement étaient saisis.
« Voulez-vous, disait-il à la foule amassée,
Vous bien porter ? Prenez de mon orviétan ! »
Et, sous les yeux de la maréchaussée,
Écus pleuvaient aux mains du charlatan.
Le médecin, surpris d'une telle affluence
Et jaloux de la concurrence,

---

1. *Il signor* Hieronimo avait fini par obtenir droit d'entrée dans
la cour même du Palais, pour y vendre ses remèdes contre toutes
les maladies.

Lui dit : « N'avons-nous pas pour but de secourir
Tous deux l'humanité, sinon de la guérir?
Mais vous, avec votre attelage,
Vous faites beaucoup d'étalage
Et de profits, sans vous donner de mal,
Tandis que, moi, payé quand on y pense,
Je n'attends que du Ciel, un jour, ma récompense ;
Notre sort est trop inégal.
— Combien se trouve-t-il de gens sur cette place?
Demande Hieronimo.
         — Ma foi, c'est à peu près
Quinze cents que je compterais.
— Combien d'esprits sensés dans cette populace ?
— Vingt tout au plus.
         — Ces vingt personnes de bon sens,
Mon cher maître, sont vos clients,
Et les autres sont mes pratiques. »

Ce conte-là s'adresse aux hommes politiques.

MÉSAVENTURE D'UNE MARQUISE

Au bras d'un jeune comte une vieille marquise
    Fait un faux pas en montant à l'église,
        Et, son centre de gravité
        S'étant du point fixe écarté,
        Elle perd l'équilibre, roule,
        Et fait voir à toute la foule
Ce qu'on ne montre point pour l'ordinaire aux gens.
        Vite arrivent maints obligeants
Qui la relèvent. Mais elle, sans plus de honte
        Ni d'embarras : « Vertu
       De moi! Monsieur, dit-elle au comte,
        Ces bourgeois... l'ont-ils vu? »

LE BÉARNAIS ET LE VILLAGEOIS

Le Béarnais, un jour de chasse,
S'était égaré dans les bois,
Quand il se trouva face à face
Avec un jeune villageois
Qui lui tira sa révérence,
Puis l'entretint du bon roi de la France
Et de le voir exprima le désir.
« Je te veux, mon beau fils, en bailler le plaisir.
Monte sur mon cheval en croupe,
Et, dès que des chasseurs j'aurai rejoint la troupe,
Tu verras qu'ils mettront chapeau bas de concert.
Le roi seul restera couvert. »
Ils chevauchent tous deux, causent, font connaissance,
Tout en trottant
Du moins autant
Que l'état des chemins le permet. En présence
Du monarque, chacun se découvre à l'instant,
Hormis l'homme monté derrière.

« Toi qui le voulais voir, reconnais-tu le roi?
    S'écrie Henri.
              — Jarni! fait le compère,
        C'est vous ou moi. »

———

UNE DINDE TRUFFÉE

Messire Alain, curé fort respectable
Et bien nourri,
Mais trop sensible aux douceurs de la table,
Avait gagné dans un pari
Une dinde truffée à l'un de ses vicaires.
Celui-ci ne se pressant guères
De s'acquitter,
Le vieux gourmand, sans hésiter,
Lui rappelle que toute dette
(Et l'Écriture sur ce point
Ne le contredit point!)
N'est jamais chose qu'on remette :
« Dinde j'ai pariée et dinde vous paierai,
Mais, mon bon Monsieur le curé,
Les truffes sont malades. A vicaire
Santé de son pasteur doit toujours être chère.
— Malades! c'est un bruit dont nous nous défendons,
Et que font courir les dindons. »

TABARIN

Sur le Pont-Neuf, en plein air établi,
Tabarin [1], aux regards d'un public ébahi,
    Qui l'écoute bouche béante,
Se fait fort d'avaler, là, séance tenante,
        Un enfant.
Veut-il en faire accroire au peuple? Il s'en défend.
    Petit-Pierre, mine insolente,
    Accourt et devant lui se plante,
Ayant l'air de lui dire : Avalez-moi, voyons !
L'ogre grince des dents, fait des contorsions.
La foule est enchantée. Elle attend qu'on le mange,
Quand le bourreau saisit la main de l'innocent,
    Et la lui mord jusques au sang.
    Celui-ci pousse un cri : « Qu'entends-je?
Tu veux que je t'avale, on ne peut te toucher.
Puis-je te dévorer, pierrot, sans te mâcher? »

Par aucun Tabarin ne vous laissez séduire ;
    Il pourrait aussi vous en cuire.

1.Bouffon, aux gages du charlatan Mondor, pour attirer la foule.

LE CRI DU CŒUR

Par un mot quelquefois doux secrets sont trahis.
Point n'est besoin de dire en quel pays
Vivait une gente comtesse
Sans cruauté pour une Altesse.
A peine jeu d'amour vient-il de commencer
Qu'elle tombe malade, et soudain paraît être
En danger si pressant qu'un prêtre
Est mandé pour la confesser.
Il cherche à lui faire comprendre
Qu'il serait séant de défendre,
Malgré le respect qu'on leur doit,
Sa porte à de certains amis qu'elle reçoit,
Et qui ne cessent à toute heure
De venir en larmes savoir
Si sa santé n'est pas meilleure.
Méchantes gens les peuvent voir.
Cela se sait. On le publie.
« Ah ! dit-elle, c'est Monseigneur !
Il m'aime encore... Quel bonheur !...
Je crains toujours qu'il ne m'oublie. »

L'AGE DE VOITURE

On demandait à monsieur de Voiture
    Son âge. « Eh! mais je n'en ai cure.
Pourquoi donc, répond-il, le compter? Je sais bien
    Qu'on ne m'en prendra jamais rien. »

Voiture avait raison. Vivre dans l'ignorance
    De l'âge que l'on a permet
    De garder toujours l'espérance
    D'être plus jeune que l'on n'est.

COMMENT IL FAUT BATTRE
SA FEMME

Angélique a donné rendez-vous à Clitandre,
            Et Dandin veut la corriger,
            Mais Dandin, pour la fustiger,
                  A tort de prendre
            Un bâton dont la qualité
Vient de la laisser morte ou près de rendre l'âme.
            C'est pour ce fait qu'il est cité
Devant le bailli. Mis à l'amende, il réclame.
« Si la leçon est dure, il faut en profiter,
Lui dit le juge. On peut, l'on doit battre sa femme,
                  Mais dame !
            Il ne faut jamais l'éreinter. »

            Modérez-vous en toutes choses.
            L'excès nuit aux meilleures causes.

UNE DISTRACTION

Le bruit avait couru qu'Urbain huit se mourait.
A la nouvelle, un gentilhomme
D'esprit curieux mais distrait
Fait aussitôt le voyage de Rome
Pour arriver juste au moment
Du solennel enterrement
D'un pape.
Mais, grâce à Dieu, le pontife en réchappe.
Ainsi déçu dans son espoir,
Bien qu'il en profite pour voir
Rome au lever du jour et Rome au clair de lune,
Il veut néanmoins, sans rancune,
Rendre hommage à Sa Sainteté,
Qui lui demande avec bonté
S'il est content de son voyage :
« Enchanté, sauf un point. On vous disait fort mal,
Et vous allez bien ! C'est dommage,
Car j'étais venu voir le cérémonial
Suivi par le sacré collège
A la vacance du saint-siège. »

CONFESSION

DE LA COMTESSE DE GROLÉE

Sœur du cardinal de Tencin,
Une comtesse de Grolée
Dont la jeunesse avait passé pour peu réglée,
Sentant sa fin venir, laissa voir le dessein,
Inspiré par la prévoyance,
De mettre ordre à sa conscience.
Chacun allait se retirer,
Car un prêtre venait d'entrer
Dans la chambre de la mourante :
« Demeurez, dit-elle aussitôt ;
Je n'eus jamais l'âme méchante,
Et ma confession se peut faire en un mot
Qui suffira pour donner de ma vie
Un aperçu :
J'ai dans mon temps été jolie.
On me l'a dit, et je l'ai cru.
Mon époque fut un peu leste.
Jugez du reste ! »

CAVOYE ET RACINE

A Versailles, le Roi-Soleil, calme, imposant,
    Se promenait. Il voit sous les ombrages
Le marquis de Cavoye et Racine causant :
      « Voilà, dit-il, deux personnages
        Qui se veulent donner crédit !
Nul doute que déjà Racine ne se croie
    Un gentilhomme et monsieur de Cavoye
        Un bel esprit. »

    Sensée était la remarque du maître.
Ce qu'on n'est point, souvent est ce qu'on veut paraître.

LE DÉVOT

Un dévot (tout dévot n'est point bon catholique !)
        Avait besoin d'un domestique.
        Jeannot paraît lui convenir ;
        Il veut pourtant le prévenir.
« Vous aurez, lui dit-il, à faire une prière
Tous les soirs pour mon âme.
                    — Oui-da, je veux bien faire
Pour l'âme de Monsieur ce qu'il m'ordonnera,
Mais combien donne-t-il pour ce service-là ? »

MONTCHAT

Parmi les officiers du prince de Condé
   Était Montchat, brave, mais sans naissance.
Devant lui des seigneurs remplis de suffisance
S'élevaient contre un droit depuis peu concédé
A ceux qu'on appelait *officiers de fortune.*
« Soit! En fait de fortune, au moins en ont-ils une
   Sur la plupart des gens de qualité,
     C'est d'avoir, dit-il, mérité
   Leur grade et d'être *officiers de mérite.* »
   A ce propos chaque noble s'irrite,
   Et l'entretien se changeait en débat.
« Ah! Messieurs, dit Condé, prenez garde à Montchat.
     Quand avec lui l'on se rebiffe,
     Il vous donne des coups de griffe. »

LA LOGIQUE

DU COMTE DE GRAMMONT

Louis quatorze, en belle humeur,
Avec prince, duc ou seigneur
Jouait aux cartes. Il ne reste
Au roi, pour gagner, plus qu'un point
A marquer. Il n'hésite point,
Le marque. On le conteste :
« Quoi ! Messieurs, ai-je tort ? Consultons. J'y consens. »
Voyant alors parmi les courtisans
Le comte de Grammont, sur-le-champ il l'appelle :
« Holà ! Venez juger notre querelle.
Qui peut se tromper entre nous ?
— Sire, répond Grammont sans hésiter, c'est vous.
— Comment décidez-vous avant de tenir compte ?...
, — Eh ! de quoi ? demande le comte.
Si Votre Majesté
Eût eu de son côté
Un semblant seulement de bon droit, je suppose
Qu'elle eût depuis longtemps obtenu gain de cause. »

LE DUC DE VILLARS

Le duc de Villars assiégeait
Une place de l'Allemagne
Que Turenne avait prise en une autre campagne.
La défense se prolongeait,
Et dans les deux camps sa durée
Paraissait être exagérée.
Le magistrat municipal,
Chargé de présenter les clefs au maréchal,
Lui demande qu'il se souvienne
Qu'avant lui monsieur de Turenne
Avait daigné les rendre aux bourgeois assemblés
Dans une occasion semblable.
« Messieurs, répond Villars en s'emparant des clefs.
Turenne était inimitable. »

LA MARQUISE DE PRIE

Sous Louis quinze encore enfant,
Monsieur le duc, étant régent,
Venait de prendre pour maîtresse
La marquise de Prie. Un jour
Que dans Paris toute la cour,
Après trois mois de sécheresse,
Assistait aux processions
Pour demander qu'une rosée
Rendît la fraîcheur aux sillons :
« Ah ! dit-elle, quelle risée !
Ce peuple est par trop innocent.
Il ne voit donc pas qu'à présent
C'est moi, la marquise de Prie,
Qui fais le beau temps et la pluie. »

L'HARPAGON

Par les ressources de son art
(Point ne dis que ce fût hasard!)
Un médecin avait tiré d'affaire
Un Harpagon millionnaire,
Décrépit, podagre, perclus.
« Vos soins, dit le goutteux, m'ont sauvé l'existence.
Je vous en dois la récompense ;
Combien?
     — Ce sera mille écus. »
L'autre à ce chiffre se récrie :
« Mille écus tout d'un coup! mille écus! Vous pensez
Que cinq cents ne sont pas assez?
— Puisqu'il s'agit de votre vie,
Mieux que moi vous devez savoir,
Monsieur, ce qu'elle peut valoir. »

UN BAILLI DE TALANS

Jadis le bailli de Talans [1]
        Avait par privilège
    Droit de séance dans les rangs
Des ordres assemblés. Il avait même un siège
        A la table du gouverneur
Président des états de l'ancienne province.
Un soir qu'il se trouvait, flatté d'un tel honneur,
        Assis à la droite du prince,
Les pages qui servaient, espiègles de quinze ans,
        Sont pris, pour rire à ses dépens,
        De la malicieuse envie
De changer son assiette aussitôt que servie.
Ce manège exaspère enfin le paysan,
        Mis au supplice de Tantale
Dans le luxe de plats qui devant lui s'étale.
On vient de lui servir une aile de faisan,

____

1. Village près de Dijon.

Et, pour enlever son assiette,
Comme un page avançait la main,
C'est lui qui l'arrête en chemin,
Lui donne sur les doigts du dos de sa fourchette,
Et dit à haute voix : « Holà ! mes jouvenceaux !
Avez-vous oublié les leçons de vos maîtres ?
Au moins devriez-vous savoir assez vos lettres
Pour ne plus prendre encor les ailes pour des os. »

LE CAPUCIN DE MEUDON

De Meudon un frère quêteur,
Après une longue tournée,
Regagnait son couvent, porteur
Des aumônes de la journée.
Pour abréger sa route, il avait par le bois
Pris un sentier, quand une voix
Le fait tressaillir, qui lui crie :
« Halte-là ! La bourse ou la vie !»
Et, d'un air menaçant, il voit dans le chemin
Un voleur se dresser, le pistolet en main.
Vainement il lui représente
Qu'il n'est qu'un moine, un indigent,
Qui ne peut remplir son attente.
L'autre, pour en juger, de compter son argent
Et jusque tout au fond de vider sa besace.
Le capucin restait, l'oreille basse.
Rentrer au couvent, les mains vides ! Que dira
Le prieur, quand il apprendra

Quel pâté merveilleux, quels vins on lui dérobe!
Mais comment lui fournir la preuve du malheur
Dont il sera victime? « Ah! dit-il au voleur,
Tirez deux coups de feu seulement dans ma robe!
— Tirer sur vous! Comment, puisque mon pistolet
N'est pas chargé? »
           Soudain notre moine au collet
      Saisit le bandit, le terrasse,
    Reprend avec ses écus sa besace,
        Et revient, nez au vent,
          Au couvent.

LA CAISSE DE SUCRE

Un premier commis de marine
Avait toujours eu pour doctrine
Qu'il faut de son métier savoir tirer parti.

Un aspirant fut averti
Du moyen d'obtenir d'emblée
Sa nomination encore reculée.
Chez ce premier commis il fit porter sans frais
Une balle de café. « Mais
Depuis quand, dit le gueux flairant un nouveau lucre,
Ai-je pris mon café sans sucre? »

La caisse de sucre suivit,
Et voilà comment plus d'un vit.

BRUSCAMBILLE

A Paris débarqué par le coche d'Orange,
Bruscambille, en habit d'arlequin, débutait
    Sur le chemin du Louvre au pont au Change[1].

    A la foule qui l'écoutait,
Il demandait vingt sous pour lui montrer le diable
Avec ses cornes. « Ouais ! n'est-ce pas incroyable ?
On ne voit pas le diable. En vérité, comment,
    Se demandait Lucas, pourra-t-il faire ?
— Ceci, lui répondit Lubin, c'est son affaire. »
Les petits blancs tombaient avec un bruit charmant
Pour Arlequin. Malgré les farces qu'il leur conte,
Recevant sans rien voir le soleil dans le dos,
    S'impatientent les badauds.
Puisqu'en bonne monnoie, il a plus que son compte,

---

1. Devenu comédien de l'Hôtel de Bourgogne, Bruscambille
s'y était fait une réputation par son art de dire les prologues.

Le diable il a promis, c'est le diable qu'il doit.
« Voici comment, disait Bruscambille, on le voit :
Supposez-vous saisis d'une faim effroyable,
Avec l'estomac bon et très longues les dents!
Ouvrir alors sa bourse, et ne rien voir dedans,
      N'est-ce pas là... le diable? »

La foule, en maugréant, par les quais s'écoulait.
Il avait son argent. C'est tout ce qu'il voulait.

LA

RÉPONSE D'UN GENTILHOMME

Le maréchal de Richelieu
Se parait de bijoux si rares qu'en tout lieu
On en admirait la richesse.
Un jour qu'il faisait voir deux montres dont le prix
Laissait tout le monde surpris
Dans le salon d'une duchesse,
C'était à qui jalouserait
Leur trop heureux propriétaire.
Un seigneur vient, les prend d'un air distrait,
Et les laisse tomber par terre.
Le maladroit de s'excuser !
Il se confond et se reproche
Le malheur qu'il vient de causer,
Mais Richelieu de lui s'approche,
Et, sans avoir l'air de s'en affliger :
« Vous êtes, Monsieur, ce me semble,
Plus savant que mon horloger
Qui n'avait jamais su les faire aller ensemble. »

LE

PRONE D'UN CURÉ NORMAND

Pour la fête des Saints un bon curé normand
Prêchait si longuement
Que les plus résignés avaient quitté la place.
Il n'en restait plus qu'un prêt à suivre leur trace,
Et le prêcheur allait toujours son train.
C'était le sacristain
Qui, sortant à son tour, lui parla de la sorte :
« La clef de l'église est ici.
Quand vous aurez fini,
Vous voudrez bien fermer la porte. »

LA TABATIÈRE

Un père récollet ou carme déchaussé,
      A Paris, pour un cas pressé,
      Revenant de Grasse en Provence,
      Se trouve dans la diligence
      Auprès d'un voyageur bien mis
Qui, d'abord, le salue à sa grande surprise,
      Et, de l'air qui sied entre amis,
      Veut lui faire offre d'une prise
De tabac. « Grand merci, dit-il ! Je n'en prends point.
Chrétien et non chrétien sont libres sur ce point.
      J'ai pourtant une tabatière. »
Il la montre. Avec soin le voisin prend l'objet,
      En connaisseur le considère,
Puis à son possesseur très flatté le remet.
Il se fait, à Paris, descendre à la Bastille,
A deux pas du logis où l'attend sa famille.
      L'autre poursuit jusqu'au couvent,
      Mais croit sentir, en se levant,

Que sa poche est un peu légère.
Il y cherche, et, d'un air contrit,
En retire ce mot d'écrit :
« Quiconque ne prend point de tabac, mon bon Père,
N'a pas besoin de tabatière. »

LE CONGÉ

Dame Elmire avait pour amant
Un capitaine au régiment des gardes.
Tenez-vous bien, lectrices, sur vos gardes !
Plus d'un capitaine est charmant.

Un soldat de la compagnie,
Qui sollicitait un congé,
Pour l'avoir se croit obligé
De recourir à la belle et la prie
De vouloir bien en sa faveur
Intercéder avec ferveur.
Pour lui demander ce service,
Le moment n'était pas propice,
Car le mari se trouvait là !
« De vous aider, lui dit-elle, en cela
Je serais vraiment fort en peine,
Puisque je ne connais point votre capitaine. »
Par son air de sincérité

Le soldat sort déconcerté,
Mais il avait dans sa surprise
Mis un tel accent de franchise
Que l'époux, qui n'ignorait pas
De sa tendre moitié l'infidèle conduite :
« Dites à votre chef, mon garçon, de ce pas,
Que, s'il ne vous accorde un congé tout de suite,
Eh bien,
C'est moi qui lui donne le sien. »

Lequel eut son congé, soldat ou capitaine ?
La fin du conte est incertaine ;
Mais je crois, sans être sorcier,
Que ce ne fut pas l'officier.

L'ABBÉ PRÉVOST

CHEZ LE PRINCE DE CONTI

Dans la maison du prince de Conti
L'abbé Prévost trouvait gîte et rôti ;
Mais, le bénéfice étant mince
De ses écrits
Dont il ne pouvait pas souvent toucher le prix,
Du titre d'aumônier il va prier le prince
De daigner le gratifier.
« Qu'ai-je à faire d'un aumônier,
Lui dit en riant Son Altesse,
Moi qui n'entends jamais la messe ?
— Justement, Monseigneur, il n'en sera pas pis,
Puisque jamais je ne la dis. »

———

LA
MARQUISE DE POMPADOUR

Aux faveurs du roi parvenue,
La marquise de Pompadour,
Se croyant encore inconnue,
Sans carrosse se rend un jour
Dans un magasin de dentelles.
Elle y fait un choix des plus belles
Qu'elle enverra le lendemain
Prendre, n'ayant pas sous la main
Toute la somme que demande
A l'acheteuse la marchande :
« Madame peut les emporter.
— Mais sur moi pouvez-vous compter,
Et savez-vous qui je puis être?
— Si j'ai l'honneur de vous connaître!...
Ah! je puis vous ouvrir chez nous
        Le crédit le plus large,

Puisque c'est vous
Qui venez de prendre la charge
De madame de Châteauroux ! »

NI LUZERNE NI FOUGÈRE

Monsieur de la Luzerne et monsieur de Fougères,
            Commandant la maison du roi,
            Passaient pour beaucoup trop sévères.
            Las du métier, ayant de quoi
            Vivre, un garde du corps demande
            Son congé. Sur terre normande
            Il veut aller planter ses choux.
            « Quoi! lui disent-ils, voulez-vous
            Quitter le service du prince
            Pour vous en aller défricher
            Quelque mauvais champ de province?
            — Comptez sur moi pour le bêcher,
            Je vous en réponds, de manière
A n'y trouver, Messieurs, luzerne ni fougère. »

UN

SOUPER DU GRAND FRÉDÉRIC

> Le grand Frédéric se plaisait
> A réunir lettrés et seigneurs à sa table.
> Librement, un soir, l'on causait
> D'une harangue détestable.
> Pour la première fois le malheureux auteur
> D'accord avait su mettre et la cour et la ville,
> Et le monarque seul défendait l'orateur :
> « Croyez-vous, Messieurs, si facile
> De parler une heure durant
> Sur un sujet indifférent ?
> Faites-en donc l'essai, marquis d'Argens, vous-même. »
> Et le roi sur-le-champ donne au marquis pour thème
> Qu'il faut rendre à César ce qu'on doit à César.
> « Ce sera mon second point, répond d'Argens, car
> J'expliquerai d'abord pourquoi César doit rendre
> Ce qu'il n'aurait jamais dû prendre.
> — Monsieur, dit Frédéric, ne vous épuisez point

En de plus longs frais d'éloquence.
Je connais votre second point,
Et du premier je vous dispense. »

Singes chez léopards, rappelez-vous toujours
Que la griffe est sous le velours.

UNE
VACANCE A L'ACADÉMIE

Certain auteur qui convoitait
Un fauteuil à l'Académie,
Très humblement se présentait
Aux membres de la compagnie.
En chemin il apprend qu'un tel
Vient de passer, quoique immortel,
De vie à trépas. « Quelle grâce
Le Ciel, dit-il, nous fait parfois !
Je venais demander sa voix,
Je m'en vais demander sa place. »

UNE ÉCURIE QUI BRONCHE

Devant un juge on critiquait,
Et l'un des avocats de la cause attaquait,
Comme étant au bon droit contraire,
Le jugement que dans récente affaire
Son tribunal avait rendu.
« Oui, peut-être, avoua le juge, aurions-nous dû
Donner raison à votre plaidoirie
En consacrant le sens qu'elle prêtait aux lois,
Mais le meilleur cheval peut broncher une fois.
— Soit, répond l'avocat, mais toute une écurie ! »

Le mot, je crois, s'appliquerait
De nos jours à plus d'un arrêt.

LE TREIZIÈME

Altéré par le long voyage
De sa montagne à l'évêché,
Un pauvre abbé s'est dépêché
D'aller présenter son hommage
A Sa Grandeur. Pour elle et ses amis
Douze couverts se trouvaient mis.
A table grand vicaire et prieur prennent place,
Tandis que dans un coin, d'un air tout interdit,
Il s'assoit. Sous ses yeux l'évêque se prélasse,
Quand, devenu soudain familier, il lui dit :
« Voyons, mon cher abbé, quelles sont les nouvelles
Qui courent dans votre pays?
— Monseigneur, notre truie a fait treize petits.
— Un de trop pour douze mamelles,
Et, quand ils sont ainsi douze à tirer son lait,
Que peut faire alors, s'il vous plaît,
Dit le successeur des apôtres,
Le treizième? — Ma foi,
Monseigneur, il fait comme moi,
Il regarde boire les autres. »

UN MOT DE TOUS LES TEMPS

Sous un prince faible, prodigue,
Régnaient le caprice et l'intrigue,
Et le pouvoir changeait de mains à tout moment.
Une dame, un matin, apprend l'avènement
D'un nouveau ministre. Elle envoie,
Le soir, quelqu'un pour le complimenter :
« Exprimez-lui toute ma joie,
Mais, avant de vous présenter,
Dit-elle au messager, ayez surtout, de grâce,
Soin de vous assurer qu'il est encore en place ! »

Le mot est-il d'hier ou d'aujourd'hui ?
D'aujourd'hui l'on pourrait le croire,
Mais il est d'hier, dit l'histoire
De la princesse de Conti.

LE
DISCOURS DE L'AMBASSADEUR

Qu'importe le nom du seigneur
Par le roi Louis quinze investi de l'honneur
De le représenter à la cour de Lisbonne ?
Il part ; mais, ses talents d'orateur étant courts,
    Pour ne pas manquer son discours
    A l'audience que lui donne
    En très grand cérémonial
    Sa Majesté de Portugal,
Au fond de son chapeau, de manière à le lire,
    En caractères de grandeur
    Suffisante, il le fait écrire.
« Couvrez-vous, dit le roi, Monsieur l'ambassadeur. »
Du nouvel envoyé ce n'était point l'affaire.
« Couvrez-vous donc, Monsieur, dit le roi de nouveau. »
A l'invitation il fallut satisfaire,
    Et le discours resta dans le chapeau.

8

VOLTAIRE

ET LE GENTILHOMME ANGLAIS

Un gentilhomme d'Angleterre,
Philosophe et littérateur,
Venu jusqu'à Ferney rendre hommage à Voltaire,
Cause avec lui de maint auteur
Qu'il a vu dans la capitale.
« J'ai dîné, lui dit-il, avec monsieur de Hale.
— C'est, s'écria Voltaire, un agréable esprit,
Distingué, brillant, érudit,
Poète du plus grand mérite.
— Mais il ne m'a point dit le même bien de vous.
— Peut-être alors, tous deux, nous trompons-nous :
Fait en riant le vieil ermite.

MADAME DU DEFFANT

ET PONT DE VEYLE

Aveugle, comme on sait, madame du Deffant
        Avec Pont de Veyle,
        Son ami fidèle,
    Eut, un jour, l'entretien suivant :

« Je ne vous entends plus. Êtes-vous là ?
                            — Sans doute,
Les pieds sur les chenets.
                    —Convenons, somme toute,
Que notre attachement est des plus étonnants,
        Car voilà cinquante ans qu'il dure.
        — Oh ! pardon, plus de cinquante ans.
        — Et pas un seul jour de rupture !
— Nous avons toujours eu, Madame, le bon sens
De rester l'un pour l'autre assez indifférents. »

L'ABBÉ DE LATTEIGNANT

Causeur instruit, fin gastronome,
L'abbé de Latteignant était un petit homme
Frais et connu pour son talent
A tourner un billet galant,
Auteur même, à Dieu ne déplaise !
D'une chanson, *la Bourbonnaise*,
Dont la foule se régalait
Au théâtre de Nicolet.

A dîner, chez une marquise,
Il énumérait les vertus
Dont la pratique était requise
Pour être au nombre des élus :
« Non, il ne faut pas qu'on s'abuse,
Chacun pour soi trouve une excuse,
Mais, disait-il, le paradis
Ne s'acquiert point à peu de prix.
— Dieu connaît son nobiliaire ;

Il hésitera, croyez-moi,
A damner gentilhomme ou roi,
Mons l'abbé, dit la douairière,
Quand nos ancêtres ont versé
Pour lui leur sang en Palestine.
— Madame, sa bonté divine,
En effet, doit avoir pensé
Que des lois de la pénitence
Lettre de noblesse dispense. »

TACONNET

Auteur des *Aveux discrets*
Et de plus d'une autre histoire,
Taconnet [1] aimait à boire,
Et voici l'un de ses traits :

La soif, un jour, le tourmente.
Il en est d'abord content,
Mais, symptôme inquiétant !
Plus il boit, plus elle augmente.
Quel mal peut être le sien ?
Il appelle un praticien
Et lui demande un remède
A ce grand feu qui l'obsède.
Le docteur tâte son pouls,
Et veut le mettre à l'eau claire :
« De ma fièvre occupez-vous.
Pour la soif, c'est mon affaire. »

1. Comédien et auteur, surnommé *le Molière des boulevards.*

PIRON UN VENDREDI SAINT

Après un trop bon déjeuner,
Piron, fort gai, paraissait être
Incapable de raisonner.
Il cherchait, sans le reconnaître,
Son logis qu'il avait atteint.
Un passant chez lui le ramène :
« Vous griser un vendredi saint !
Attendez donc l'autre semaine.
— Venez plutôt me rappeler
A l'équilibre, si je tombe.
Quand la Divinité succombe,
L'humanité peut chanceler. »

MLLE CLAIRON

La comédienne Clairon
Avait un esprit fanfaron
Que grisaient les faveurs d'un public idolâtre,
Mais, quand on s'adonne au théâtre,
Il faut savoir s'y dévouer.
Comme elle avait, un soir, refusé de jouer,
Cette actrice insubordonnée
Au For-l'Évêque avec raison
A passer un mois en prison
Se voit bel et bien condamnée.
« Si l'ordre de Sa Majesté
Peut, dit-elle à l'exempt, m'ôter ma liberté,
L'autorité qui m'a soumise
Sur mon honneur n'a point de prise.
— Mademoiselle, je le crois,
Où rien n'est, le roy perd ses droits [1]. »

---

1. La vogue dont jouissait cette actrice était si grande que la femme de l'intendant de Paris, étant venue la chercher dans sa voiture qui était un *vis-à-vis*, la mit sur ses genoux pour faire place à l'exempt, et la mena ainsi comme en triomphe jusqu'au For-l'Évêque, où elle fut visitée par la cour et la ville.

L'ABBÉ COYER A FERNEY

Dans Ferney l'auteur de *Mérope*
Tenait, comme l'on sait, une espèce de cour
    Où seigneurs, princes, tour à tour
    Accouraient du fond de l'Europe.
Le grand homme aux regards se cachait avec soin.
Plus d'un dévot avait fait le pèlerinage
    Sans l'avoir vu, même de loin.
Certain abbé Coyer entreprit le voyage.
C'était un homme instruit, mais vulgaire et pédant.
    Sa visite ne pouvait être
      Du goût du maître
    Qui, par hasard, le reçut cependant.

A madame Denis qui venait, dans *Zaïre*,
De faire ses débuts, l'abbé, d'un air charmant,
    Veut adresser un compliment.
Modeste, elle ne peut s'empêcher de lui dire
    Qu'il faudrait pour ce rôle-là

Être jolie et jeune : « Oh! pardon, pour cela
    Vous nous donnez la preuve du contraire. »
Et l'abbé souriait, en regardant l'auteur.
    « Savez-vous, Monsieur le flatteur,
Quelle est la différence, interrompit Voltaire,
De don Quichotte avec ?...
                        — Moi ? fait l'autre à ces mots.
— Les auberges, mon cher, lui semblaient des châteaux,
Tandis que les châteaux sont pour vous des auberges. »
L'abbé, sans sourciller, reçut ce coup de verges,
    Mais comprit si bien la leçon
Qu'il s'était, avant l'aube, esquivé sans façon.

L'ABBÉ DE BEAUVAIS

A LA COUR DE LOUIS XV

On connaît l'abbé de Beauvais,
Célèbre par son éloquence
Dont il n'épargnait pas les traits
Même à la plus haute assistance.
Devant Louis quinze et sa cour
Choisi pour prêcher le carême,
Il prend résolument pour thème
Le vieillard qui donne à l'amour,
Sans penser à la pénitence,
Les derniers jours d'une existence
Qu'il devrait consacrer à Dieu.
A la fin d'un réquisitoire,
Le roi, voyant dans l'auditoire
Le maréchal de Richelieu
Dont les mœurs demeuraient légères :
« Beauvais vient de jeter des pierres,

Lui dit-il, dans votre jardin.
— Oui, mais, répond au roi soudain
Le duc, usant de représailles,
Veuillez ne pas mettre en oubli
Que leurs éclats ont rejailli,
Sire, dans le parc de Versailles. »

DEUX EXILÉS

Un conseiller au parlement
Éprouve le désagrément
De se voir par le roi fixer pour résidence
Le village de Prémery
En Nivernais [1]. Il monte en diligence,
Arrive, et n'aperçoit que chaumes pour abri,
S'enquiert, bref, ne trouve à descendre
Que dans la maison du curé.

---

1. L'abbé Nigon de Berty, conseiller au parlement de Paris et arrière-grand-oncle de l'auteur, celui dont parle Voltaire dans ses lettres (des 12 juillet et 12 août 1763) à Damilaville, ayant reçu du roi l'ordre « de se rendre sans délai à Prémery en Nivernais, pour y demeurer, sous peine de désobéissance », avait écrit au président d'Ormesson : « Je vais à la recherche d'un village qu'on dit s'appeler Prémery. La route n'est pas agréable et encore moins la résidence qui m'est échue ; mais ces pensées m'affectent peu, et je ne suis occupé que de l'inestimable honneur de partager avec vous une disgrâce où vous avez donné le plus sublime exemple de générosité. »

Il refusa de faire partie du parlement réorganisé par le chancelier de Maupeou, en répondant au président Joly de Fleury : « Tous les coups d'autorité ont été frappés à la fois sur le parle-

Le bon pasteur de se défendre

De ce qu'un lieu si retiré

Permît peu de cérémonie.

Il va chercher du vin, fait rôtir un chapon,

Et l'entretien s'engage, à table, sur le ton

Des gens de bonne compagnie.

L'un et l'autre sont au courant

Du moindre fait, petit ou grand.

Ils parlent de Paris et du procès de Rennes,

D'Aiguillon, de La Chalotais,

Des droits de la couronne et des rois et des reines

Et des philosophes français,

Si bien que le bon prêtre, enchanté de son hôte,

Ose lui demander comment il s'était mis

Dans le cas d'échouer en si triste pays.

« Oh ! dit le voyageur, que ce soit de ma faute,

---

ment, mais aucun n'a pu délier les magistrats du serment qui les
tient enchaînés à leur devoir. Les exils mêmes ne servent qu'à
donner plus d'éclat à leur résolution. On leur dit aujourd'hui :
« Venez apporter la démission de vos offices, et l'on adoucira
« votre sort. » Peut-on croire que, dans des cœurs français, des
motifs humains et purement personnels l'emporteront sur la
raison du devoir et de l'honneur ? »

Exilé, en dernier lieu, dans sa propriété de Thiais, il lisait son
bréviaire, sur la route de Choisy à Versailles, quand Louis XV,
venant à passer, lui fit demander par un officier de ses gardes
qui il était : « Répondez à Sa Majesté que je suis un exilé qui
prie pour l'État et pour ceux qui le gouvernent. »

Ce n'est pas volontairement
Que j'ai pris ce lieu pour demeure.
Je suis membre du Parlement
Dont vous devez savoir la disgrâce à cette heure
Pour avoir résisté
Aux ordres de Sa Majesté.
Mais vous-même à ce coin de terre
Comment vous trouvez-vous réduit?
Est-ce pour vivre solitaire
Que s'est instruit
Un prêtre de votre mérite?
— Monsieur le conseiller, c'est que je suis jésuite,
Et vous n'ignorez pas comment
Par un arrêt du parlement
Ma compagnie en France est interdite. »

Par le proscrit, à Prémery,
Le proscripteur était nourri.

LE

MARIAGE D'UNE ALTESSE

A l'époque du mariage
Du comte d'Artois, un usage
Voulait que la ville dotât,
Au nom du prince et de l'État,
Certain nombre de jeunes filles
D'honnêtes et pauvres familles.
Un fillette de seize ans,
Que l'espoir de la dot attire,
Au bureau pour se faire inscrire
Se présente avec ses parents.
On demande à la jouvencelle
Le mari qu'elle choisissait :
« Mais je n'en ai pas, répond-elle,
Je croyais qu'on les fournissait. »

SI VIEILLESSE POUVAIT!...

> Agé de quatre-vingt-six ans,
>   Le grand maréchal de Tonnerre
> Pour officiers avait deux jeunes gens
>   Dont le temps était d'ordinaire
>   Moins au service qu'à l'amour.
>   Aussi, les surprenant un jour :

« Croyez-vous, leur dit-il, que le roi vous pardonne
   Les scandales que vous causez ?
Les plaisirs sont permis, mais vous en abusez :
Eh ! suivez donc, Messieurs, l'exemple que je donne ! »

L'AUTEUR INCONNU

Sortant de chez Ricault, libraire,
Beaumarchais, qui suivait les quais pour se distraire,
Croit près du Pont-Royal reconnaître un passant.
Il l'arrête : « On me dit que la pièce qu'on joue
Est de vous ?
                    — Oui, de moi.
                              —J'en doutais, je l'avoue.
— Et pourquoi ? Mais j'en ai fait jouer plus de cent.
— C'est que si peu de gens en ont eu connaissance ! »

Prenez garde d'aller trop vite en écrivant.
          Il n'en resterait rien. Souvent
          Fécondité vaut impuissance.

L'EFFET D'UN SERMON

Un vicaire, à Lyon, s'était mis fort à point
          A prêcher sur la loterie.
En France quine et terne alors faisaient furie.
« Non, mes sœurs, disait-il en leur montrant le poing,
          Non, vous n'avez plus qu'une idée,
Du seul démon du jeu votre âme est possédée;
          L'appât du gain vous éblouit.
Vous en parlez le jour, vous y songez la nuit.
     Au saut du lit, on va chez la voisine :
Ma chère, j'ai rêvé du numéro vingt-deux !
               C'est assez pour qu'on s'imagine
               Posséder le lot précieux ;
               Puis, quelle est celle qui n'espère,
               Par un calcul mieux entendu,
               Regagner ce qu'elle a perdu?
Pour trouver de l'argent on volerait son père,
          Et c'est souvent par un forfait
Que de l'amour du jeu vous conjurez l'effet. »

Son oraison finie, il descend de la chaire,
Quand une femme en pleurs : « Ah ! Monsieur le vicaire,
J'ai cinq petits enfants, et, par pitié pour eux,
Dites-moi si c'est bien le numéro vingt-deux ! »

Fougueux prédicateurs qu'inspire
La sainte haine du démon,
Vous voyez le profit qu'on tire
Quelquefois du meilleur sermon !

LA PLACE QUI TOURNE

Deux amis du jus de la treille
Avaient conçu l'idée, un soir,
De fêter la dive bouteille
Jusqu'au point de ne se plus voir.
A table les voilà, se versant des rasades !
D'abord, gais comme des pinsons,
Ils se servent, en camarades,
A tour de rôle, d'échansons,
Puis ils commencent à voir trouble,
Et, chaque objet leur semblant double,
Ils se répétaient à mi-voix :
« Me vois-tu bien ?
                          — Oui, je te vois.
— Alors buvons. » Mais, à force de boire,
Ils ne pouvaient plus se tenir,
Lorsqu'au logis il fallut revenir.

Sur la place de la Victoire
Ils habitaient. Laissant derrière eux le clocher

De l'église des Petits-Pères,
D'un pas tremblant marchaient nos deux compères
« Nous devons, dit l'un, approcher.
— Restons là, fait l'autre, puisque la place
Tourne.
                    — Comment ?
                                        — Tenons-nous bien.
    — Elle tourne ?
                            — Ne vois-tu rien ?
Attendons que la maison passe. »

Côte à côte endormis, quand l'aurore arriva,
Sur la place elle les trouva.

LE ROI STANISLAS

Le bon roi Stanislas soupirait, dit-on, pour
    Une des dames de sa cour,
    Soupirs chez lui sans conséquence,
    Vu qu'il avait quatre-vingts ans.
    Mais, seigneur des plus séduisants,
Le chancelier du prince avait une éloquence
Qui rendait infidèle au cœur de son époux
La belle, trop sensible à l'éclat du mérite.
    Stanislas n'était pas jaloux.
    Chez elle, un jour qu'il lui rendait visite,
Survient l'amant : « Souffrez d'un trop vieux chevalier,
Dit-il, baisant sa main, cet hommage modeste.
    Je vous laisse mon chancelier
    Qui vous dira le reste. »

UN AMI

Lycidas n'avait point de fortune. Son père
        Avait dissipé tout son bien.
Damon avec celui qu'il appelait son frère
        Mettait sa joie à partager le sien.
        Bélise était une jeune personne
Aimable et gracieuse, aussi belle que bonne.
            Le charme de la pureté
        Agit toujours sur un cœur tendre.
Lycidas et Damon ne purent s'en défendre :
            Chacun l'aima de son côté.
        Damon, jugeant sa demande opportune,
        Par un billet ose la formuler;
            Lycidas a peur de parler.
Les parents ont toujours des yeux pour la fortune ;
        Damon se voit bien accueillir.
Bélise ne dit rien, mais se sent défaillir.
            Aux larmes qu'elle fait paraître,
A l'air de Lycidas rempli d'abattement,

Damon, hélas! croit reconnaître
Que tous les deux s'aiment secrètement.
De son ami le plus fidèle
Voudra-t-il causer le malheur
Et faire le chagrin de celle
Dont son rêve était le bonheur?
Non. Lycidas avait un vieil oncle en Savoie
Dont il était seul héritier.
De sa part il reçoit, par les mains d'un banquier,
Cinquante mille écus. Se peut-il? Quelle joie!...
Mais pourquoi ce cadeau du sort
Lui vient-il, quand Damon doit épouser Bélise?
Il veut pourtant écrire à son oncle et, surprise!..
Apprend que le pauvre homme est mort.
Garde-toi, Lycidas, de perdre l'espérance!
Tu vois bien que c'est l'amitié
D'un frère qui de ta souffrance
A généreusement pitié.
A la main de Bélise alors Damon renonce,
Et je n'ai pas besoin, je crois,
D'ajouter pour qui, dans son choix,
La jeune fille se prononce.

———

MADAME DE MAILLY

On sait combien madame de Mailly
Fut au regret, mais un peu tard, d'avoir failli.

A l'heure d'un sermon qu'elle voulait entendre,
Aux vêpres de Saint-Roch elle vient de se rendre,
Lorsqu'un manant la nomme, et, curieusement,
Tout le monde avec bruit se presse
Pour voir cette ancienne maîtresse
Du roi. « Voilà bien du dérangement
Pour une catin qu'on regarde »,
Crie un assistant révolté.
Le suisse prend sa hallebarde
Et veut faire aussitôt acte d'autorité :
« Monsieur, répond doucement celle
Que flagellait un mot si peu chrétien,
Puisque vous paraissez la connaître si bien,
Veuillez donc prier Dieu pour elle. »

LES DEUX ASSASSINS

Avec un médecin des plus intelligents
Frédéric deux causait : « Combien, dans l'exercice
De votre art, lui dit-il sur un ton de malice,
Avez-vous à peu près, vous, fait mourir de gens?

    — Aux récits publics s'il faut croire,
    Bien moins que Votre Majesté,
    Dit l'homme de la Faculté,
    Et surtout avec moins de gloire. »

C'ÉTAIT LE ROI

Philaminte aimait à trôner.
Des lettres elle avait le culte :
Auprès d'elle Cliton, grave jurisconsulte,
Se trouve assis dans un dîner.

« J'ai vu, dit-elle, *Cléopâtre*.
Peut-on n'aimer point le théâtre ?
Mais je tiens au jeu des acteurs
Et n'assiste jamais aux pièces
De ces espèces
De comédiens amateurs.
Imaginez qu'on me convie
A je ne sais quel rogaton
Où, l'autre soir, j'entends sous le nom de *Flavie*
Un mauvais ramas...
                                    — C'est, interrompit Cliton,
Madame, c'est... mon Dieu ! c'est une pièce
Que j'ai faite dans ma jeunesse.
— En vérité, les vers en sont parfaits.

Le sujet s'y dessine en admirables traits.
            Je m'en prends à la mise en scène,
            A celle qui, jouant la reine,
M'a paru dans son air manquer de majesté.
            — C'était ma femme à qui ce sacrifice
            Fut demandé comme un service
            Qu'elle rendit par charité.
— Que dites-vous ? Elle s'en est tirée
            Parfois en actrice inspirée ;
Mais le prince...
                  — Arrêtez, Madame ; c'était moi
            Qui pour un soir faisais le roi. »

UN MOT DE LOUIS XVI

Louis seize, par un beau jour,
Et le comte d'Artois, son frère,
Se promenaient loin de la cour.
Ils voient un char qui d'une ornière,
Embourbé, ne pouvait sortir.
Ils le remettent sur la voie,
Et l'équipage est prêt à repartir,
Quand le charretier, dans sa joie,
Veut les conduire au cabaret
Que sur la route il leur montrait.
« Merci de votre politesse »,
Dit avec bonté Son Altesse.
Le roi tire un louis, le prince en remet deux ;
Mais le rustre, apprenant quel est le roi, s'étonne
Du peu que le souverain donne.
Le prince est-il plus généreux ?
« Voici, lui dit le roi, quelle est la différence :
Mon frère n'a que deux enfants,
Et j'en compte autant que la France
Possède aujourd'hui d'habitants. »

KARAMZINE

L'historien de la Russie,
    Karamzine, avait voulu voir
    Comment notre démocratie
Après quatre-vingt-neuf userait du pouvoir.
Le peuple devait être assez instruit en France
    Pour oser prendre son essor ;
Mais ce qui le frappa, ce fut son ignorance.
    (Elle le frapperait encor !)

    Il arrive à Paris. La ville
    Lui paraît être fort tranquille.
    Ses habitants de toutes parts
    Se pressaient sur les boulevards.
Notre race, il est vrai, passe pour étourdie.
    Les uns allaient à l'Opéra,
    Les autres à la comédie.

    Aux *Hespérides* il entra :
Dans ce jardin s'ouvrait un bal champêtre

Où le jacobin débraillé
Se rencontrait avec le petit-maître,
Poudré de frais, bien habillé.
Karamzine admira les tours de passe-passe
D'un escamoteur en plein vent,
Puis, sans peine, ne put résister à la grâce
D'une Circé le poursuivant.
Il regarda danser au son de la musique
Une nymphe, en jupon court, dans un bois charmant
Où des sirènes de l'Afrique
Dansaient beaucoup plus simplement.
Il vit, dans un théâtre, un cornac à la foule
Montrer de jeunes éléphants.
Des bourgeois jouaient à la boule
Sous de gros marronniers où criaient des enfants,
En se balançant sur des cordes.
Partout ordre et plaisirs. Notre hôte était surpris
De voir qu'en France les discordes
N'empêchaient les jeux ni les ris,
Lorsqu'un groupe de sans-culottes,
Armés pour protéger la Constitution,
L'arrête. Qu'a-t-il fait? Tous les bons patriotes
Doivent crier : « Vive la nation ! »
Agitant son chapeau, sur-le-champ Karamzine,
Heureux de partager l'allégresse d'autrui,

Tire du fond de sa poitrine
Le cri qu'on exige de lui ;
Mais il croit au logis prudent de redescendre,
Quand le plus enragé du groupe en faction
Lui dit : « Et vous, Monsieur, pourriez-vous nous apprendre
Ce qu'on nomme la Nation ? »

LA

MÉLANCOLIE DU DAUPHIN

« Tournez les yeux de mon côté !
Monseigneur ; si je vous demande,
C'est que ma misère est bien grande.
Au nom du Ciel, la charité !
Je pourrais, disait, suppliante,
Au Dauphin une mendiante,
Si vous veniez à mon secours,
Être heureuse comme la reine.

— Ma mère, hélas ! pleure toujours »,
Dit le fils de la souveraine.

———

UN CAS DE CONSCIENCE

En quatre-vingt-douze obligé
De prêter à la loi le serment du clergé,
Certain abbé, gros titulaire
De revenus qu'il veut garder
Tout en refusant de céder,
Ne sait pas trop ce qu'il doit faire,
Et sur un cas si délicat
Va consulter un avocat :
« Le produit de mon bénéfice,
Je vais le perdre entièrement,
Si je ne prête le serment.
Dois-je en faire le sacrifice,
Et n'avoir plus pour me réconforter
Que la prière? Donc, venant vous consulter,
Je vous prouve la confiance
Que méritent les avocats.
— Ceci, Monsieur l'abbé, me paraît être un cas
De conscience. »

UNE
ASSEMBLÉE DE VOLAILLES

Qu'on se figure une chambrée
De volatiles encombrée,
Tous gens de basse-cour, canards, poules, dindons.
Un renard les préside et leur parle en ces termes :
« Délivrés de la dent des tyrans de vos fermes,
Mes amis, nous vous demandons
Comment vous préférez que le peuple vous mange,
A la marinade, à l'orange,
Sur le gril ou bien en ragoût?
— Mais nous ne voulons pas qu'il nous mange du tout »,
Se mettent à crier cent voix qui n'en font qu'une,
Voix d'opposition !
« Vous sortez de la question, »
Dit le renard à la tribune.

Ce conte, qui nous fut conté,
N'a-t-il pas la saveur d'une actualité?

D'AIGREFEUILLE

Sous l'Empire, Aigrefeuille était le familier
Du palais du grand chancelier.
Un jour que l'on servait une fine poularde,
Comme il était un peu gourmand,
Il en mangeait avidement.

« Vous allez vous donner, si vous n'y prenez garde,
Lui dit Cambacérès, une indigestion.
— Je le sais, Monseigneur. C'est ma punition. »

LE DINER A LA CAMPAGNE

Un dimanche, certain commis
Des finances s'était promis
D'aller dîner à la campagne.
Il met pantalon de nankin,
Et sa famille l'accompagne
A bord du bateau le *Vulcain*.
Près de l'église du village
De Meudon, terme du voyage,
Son directeur avait maison.
Il croit faire acte de raison
En lui rendant une visite.
On l'annonce. Il se félicite
Du grand honneur d'être reçu.
Le directeur, homme cossu,
Maire du lieu, gros personnage,
Lui fait bon accueil et l'engage
A rester à dîner : « Merci
De votre bonté, mais ma femme

Doit m'attendre tout près d'ici.
— Veuillez venir avec madame.
— C'est qu'elle s'est fait un plaisir,
Comme la journée était belle,
D'emmener son fils avec elle.
— Je vous sais gré de me fournir
L'occasion de le connaître.
— Ce serait indiscret peut-être.
— Non, pas du tout, amenez-nous
Votre fils.
      — C'est que... comment vous
Dire que... l'air de la campagne
Étant prescrit par le docteur...
Sa petite sœur l'accompagne?
— Soit, interrompt le directeur;
Mais vous n'avez pas sa grand'mère?
— Non, mais la nourrice. »

                Voilà
Comment expéditionnaire,
Avec femme, enfants, s'installa
Chez l'amphitryon trop affable
Qui, ses convives disparus,
Comme le corbeau de la fable,
Jura qu'on ne l'y prendrait plus.

MUSCADE

Certain docteur homme d’esprit
Est appelé chez une dame.
A l’entendre, elle dépérit.
Peu s’en faut qu’elle ne se pâme.
Elle mangeait pourtant, digérait bien,
Allait au bal et n’avait rien
Qu’une langueur imaginaire.
Il tâte son pouls : « Dieu! que vous devez souffrir!
Mais nous saurons, Madame, vous guérir,
Si vous voulez nous laisser faire. »
Aussi prend-elle exactement
Poudre, pilule, orgeat, muscade,
Et s’en trouve admirablement.

« Vous étiez, lui dit-il, digne d’être malade. »

LE SAINT NE VAUT PAS LE DIABLE

En montre chez un brocanteur,
Satan terrassé par l'archange
Frappe les yeux d'un amateur.
De près il le regarde, change
Alors d'avis, et sur-le-champ :
« Le démon, dit-il au marchand,
Est seul en argent monnayable,
Mais le saint ne vaut pas le diable.

— Monsieur, répond le brocanteur,
Il en est ainsi dans la vie.
La vente du diable est suivie,
Mais le saint n'a point amateur. »

L'HOMME ET LA MORT

Sans se faire annoncer, la Mort, un soir, sonna
Chez un vieillard plié par l'âge.
Cette visite l'étonna :
« Comment! quand j'ai bon pied encore et bon visage,
Vous me prenez au dépourvu?
A vous voir aussitôt me serais-je attendu?
O Mort, assurément vous vous êtes méprise!
— Je suis bonne, quoi qu'on en dise.
Avec toi, pour quelques moments,
Je veux bien faire un pacte. Avant que je revienne,
Tu recevras trois avertissements.
— A la bonne heure, et qu'à cela ne tienne »,
Dit l'homme rassuré! Bientôt il devient sourd,
Ensuite aveugle, et de paralysie
Tout à coup sa langue est saisie.
La Mort accourt.
L'homme de se défendre :
Sans l'avoir averti, devait-elle le prendre?

Mais le spectre : « Tais-toi,
Et de ce pas suis-moi ! »

L'infirmité, visible aux yeux des autres,
Échappe donc, mortels, toujours aux vôtres !

TABLE

Pages

A PARIS

DES PRESSES DE JOUAUST ET SIGAUX

Rue Saint-Honoré, 338

M DCCC LXXXIV

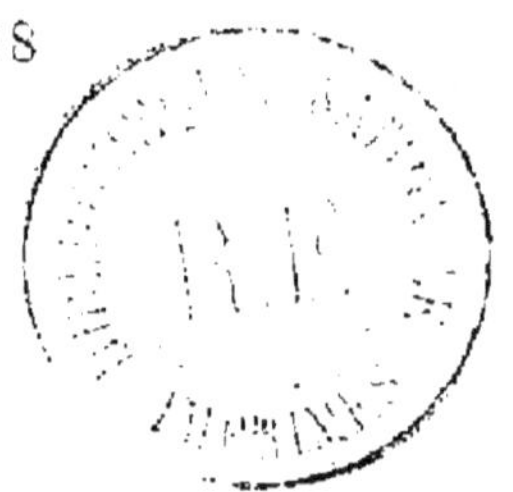